Published by HW Publishing Company
©2019 Erin Harper

ISBN-13: 978-1-54399-331-8
First printing

HW Publishing Company
Plano, Texas, USA
Website: www.hwpublishingco.com

Erin Harper is a university professor by day, a comedian by night, and a mom 24/7. Despite having a Ph.D. in school psychology, Erin is not ashamed to admit that her knowledge of what to do with her own preschooler is tested daily. Erin is married to her college sweetheart, Benny, the father of the little human who destroys their nice things.

Tim Furlow is an illustrator and internationally recognized tattoo artist. Through his art, Tim tells stories of the human experience that evoke laughter and empathy. The East Atlanta native is a member of the Black Owl Collective where he is known for his distinct interpretation of various tattoo styles. Tim won the Atlanta competition of Ink Master: Angels Season 1 and reappeared in Season 10 of the series. When he isn't creating, Tim spends time with his beautiful wife, Melba, and his two children, Khalia and TJ.

This book is dedicated to Bennie, the sweetest boy I've ever known—except when he's obliterating my nice things.

And to my mom, Evelyn. After all these years, I finally understand and respect your decision to keep your "good" furniture covered. What a wise woman you are. I love you.

Before I arrived on earth
With all the joy I'd bring
Your life was neat and tidy
You had so many nice things!

Now that I'm here,
Oh how things have changed!
Your life is upside down
Everything's been rearranged!

You traded in your sports car
For a boxy minivan.
Now the vehicle you drive
Is a mobile garbage can!

Mom you look so perfect
When you get dressed up for work.
And because you're running late
I will throw up on your shirt.

What a pretty vase!
How much did you pay for that?
Actually, who cares?
I'll introduce it to my bat!

Mom, my tummy's hurting!
But I refuse to use the pot.
Instead, I'll stand on your new rug
And give it everything I've got!

You said, "Write on paper only!"
But paper's such a bore!
So I drew on your white walls
Now you should love them even more!

Mom, why do you look so angry?
Do you not like my design?
You should count your lucky stars
I could've poured out your red wine!

Look, I have your phone!
But, I refuse to give it back.
Let's see what happens if I throw it!
Oh, look–your screen is cracked!

Mom, please understand
I'm as curious as can be.
Now, breathe and simmer down
Who needs nice things when you've got ME?

G.O.A.T. EN EL FÚTBOL

PELÉ, LIONEL MESSI Y MÁS

JON M. FISHMAN

ediciones Lerner ◆ Mineápolis

LA EMOCIÓN DEL DEPORTE *SE ENCUENTRA CON* LA HABILIDAD DE LA INVESTIGACIÓN

Lerner SPORTS

Prueba gratuita de base de datos en inglés:
lernersports.com

ediciones Lerner
Una división de Lerner Publishing Group, Inc.
241 First Avenue North
Mineápolis, MN 55401, EE. UU.

Si desea averiguar acerca de niveles de lectura y para obtener más información, favor consultar este título en www.lernerbooks.com.

Fuente del texto del cuerpo principal: Aptifer Sans LT Pro.
Fuente proporcionada por Linotype AG.

Library of Congress Cataloging-in-Publication Data

Names: Fishman, Jon M., author.
Title: G.O.A.T. en el fútbol Pelé, Lionel Messi y más / Jon M. Fishman.
Other titles: Soccer's G.O.A.T. Spanish
Description: Minneápolis : ediciones Lerner, 2023. | Series: Lo mejor del deporte de todos los tiempos | Includes bibliographical references and index. | Audience: Ages 7–11 | Audience: Grades 4–6 | Summary: "There are many amazing soccer players-but who are the greatest of all time? Readers learn all about the sport, including its top stars and incredible statistics, presented in an engaging top-ten format. Now in Spanish!"— Provided by publisher.
Identifiers: LCCN 2022016592 (print) | LCCN 2022016593 (ebook) | ISBN 9781728477381 (library binding) | ISBN 9781728478173 (paperback) | ISBN 9781728480299 (ebook)
Subjects: LCSH: Soccer players—Biography—Juvenile literature. | Women soccer players—Biography—Juvenile literature.
Classification: LCC GV942.7.A1 F5418 2023 (print) | LCC GV942.7.A1 (ebook) | DDC 796.334092/2 [B]—dc23/eng/20220506

LC record available at https://lccn.loc.gov/2022016592
LC ebook record available at https://lccn.loc.gov/2022016593

Fabricado en los Estados Unidos de América
1-52374-50731-4/27/2022

CONTENIDO

Dinamarca (*delante a la izquierda*) y Holanda compiten en la Copa del Mundo Femenina desde su inicio en 1991.

¡COMENCEMOS!

Cuando ves fútbol, ¿intentas elegir a los mejores jugadores de cada equipo? ¿Alguna vez les preguntaste a tus amigos o a tu familia lo que piensan? Probablemente no siempre estén de acuerdo. Eso es parte de la diversión del deporte. Todo el mundo tiene opiniones. Hay mucho que pensar cuando se trata de quién es el mejor de todos los tiempos (G.O.A.T., por sus siglas en inglés). El fútbol tiene una larga historia y se juega en todo el mundo.

DATOS DE INTERÉS

En 1990, FRANZ BECKENBAUER se convirtió en la segunda persona en ganar la Copa del Mundo como jugador y como director técnico.

MIA HAMM ganó el premio a la mejor jugadora del año en Estados Unidos durante cinco años consecutivos.

En 2011–2012, LIONEL MESSI hizo 73 goles con el FC Barcelona, la mayor cantidad de la historia en una temporada europea.

PELÉ ayudó a Brasil a ganar la Copa del Mundo en tres ocasiones. El Comité Olímpico Internacional lo nombró atleta del siglo.

Los equipos de Inglaterra y Escocia se enfrentaron en el primer partido oficial de fútbol en 1872. El juego era muy diferente hace casi 150 años. Los arcos ni siquiera tenían redes. Eran solo dos postes con una cuerda entre ellos en la parte superior. Los equipos de fútbol comenzaron a utilizar redes en 1891.

Pronto el fútbol se extendió desde Gran Bretaña al resto del mundo. En 1904, los dirigentes del fútbol crearon la FIFA. Este grupo establece las reglas para los partidos de fútbol entre diferentes naciones. También promueve este deporte y organiza partidos. Desde los inicios de la FIFA, el fútbol se convirtió en el deporte más popular del mundo. En la mayoría de los países lo llaman fútbol y no soccer. En Estados Unidos no es tan popular como en otros lugares. Pero este deporte está creciendo en casi todas partes.

Algunos partidos de fútbol de principios del siglo XX atrajeron a grandes multitudes. En este partido de 1908 se registraron más de 120,000 espectadores.

La Copa del Mundo es un torneo en el que los mejores jugadores muestran sus habilidades. La primera Copa del Mundo se jugó en Uruguay en 1930.

Seguro tienes tus propias opiniones sobre los mejores jugadores de todos los tiempos. Puede que incluso no estés de acuerdo con el orden de los jugadores en este libro. La larga historia del fútbol hace que muchos grandes jugadores no estén incluidos. Pero no pasa nada. Tener opiniones firmes sobre tus jugadores favoritos significa que eres un verdadero aficionado del fútbol.

ALFREDO DI STEFANO

Alfredo Di Stefano nació en Argentina, pero se convirtió en una leyenda del fútbol en España. El Real Madrid es uno de los clubes de fútbol más famosos del mundo. Debe gran parte de su éxito a Di Stéfano. Él se incorporó al club en 1953 y demostró que podía hacer de todo en el campo. Hacía goles increíbles y daba pases exactos. Jugaba una dura defensa y nunca parecía cansarse

El juego de Di Stefano ayudó a su equipo a ganar como ningún otro equipo antes. El Real Madrid jugó en la Copa de Europa, uno de los principales torneos de fútbol de Europa. Di Stéfano llevó al equipo a ganar cinco títulos de la Copa de Europa seguidos entre 1956 y 1960. Ganó dos veces el *Ballon d'Or*, un honor que se concede al mejor jugador de fútbol masculino del mundo cada año. En 1989, Di Stéfano ganó el único Súper *Ballon d'Or* jamás concedido. Fue en honor a su increíble carrera.

ESTADÍSTICAS DE ALFREDO DI STEFANO

▶ Encabezó la liga del Real Madrid en puntuación durante cuatro años consecutivos.

▶ Condujo al Real Madrid a ocho títulos de la liga entre 1954 y 1964.

▶ Llevó al Real Madrid a la Copa del Rey en 1962.

▶ Marcó 377 goles en 521 partidos totales de clubes europeos.

▶ Ganó dos veces el Ballon d'Or.

FRANZ BECKENBAUER

Los buenos jugadores aprovechan al máximo sus posiciones en el campo. Algunos grandes jugadores inventan nuevas posiciones. Los defensores solían quedarse en su propio extremo del campo. Eso cambió cuando Franz Beckenbauer se incorporó al club alemán Bayern Munich en 1958. Se lanzó al ataque desde su posición defensiva para atacar el arco del otro equipo. Se dio a

conocer como líbero, y los jugadores de todo el mundo copiaron su excitante estilo.

La selección de Alemania Occidental nombró a Beckenbauer capitán del equipo en 1971. En 1974, llevó a la selección al partido por el título de la Copa del Mundo. Le ganaron a Holanda por 2-1. Beckenbauer se convirtió en el director técnico de Alemania Occidental 10 años después.

Bajo su dirección, el equipo volvió a ganar la Copa del Mundo en 1990. Beckenbauer se convirtió en la segunda persona en ganar la Copa del Mundo como jugador y como director técnico.

ESTADÍSTICAS DE FRANZ BECKENBAUER

► Llevó al Bayern Munich a tres títulos de la Copa de Europa consecutivos.

► Condujo al Bayern Munich a tres campeonatos de la liga alemana.

► Fue nombrado jugador alemán del año en cuatro ocasiones.

► Marcó 14 goles en 103 partidos con la República Federal de Alemania, una cifra asombrosa para un defensor.

► Ganó dos veces el Ballon d'Or.

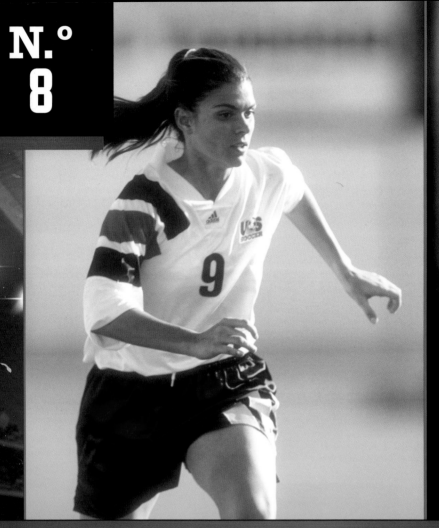

MIA HAMM

Mia Hamm tardó en demostrar que pertenecía al máximo nivel del fútbol femenino. Entró en la selección femenina de Estados Unidos con 15 años. Eso la convirtió en la persona más joven en jugar con el equipo. Pero después de 16 partidos contra otras selecciones, aún no había hecho ningún gol. Finalmente, hizo un gol en su 17.º partido. Se convirtió en una de las mayores goleadoras de la historia del fútbol estadounidense.

Hamm siempre estaba en el ataque. Era rápida, inteligente y estaba lista para patear. La habilidad goleadora de Hamm ayudó a Estados Unidos a ganar la primera Copa del Mundo Femenina en 1991. Llevó al equipo a otro título de la Copa del Mundo Femenina en 1999. También ayudó a Estados Unidos a ganar medallas de oro en los Juegos Olímpicos de 1996 y 2004.

ESTADÍSTICAS DE MIA HAMM

▶ Condujo a la Universidad de Carolina del Norte a cuatro campeonatos universitarios.

▶ Ganó el premio a la Mejor Jugadora del Año en Estados Unidos durante cinco años consecutivos.

▶ Ganó dos veces el premio a la Mejor Jugadora del Mundo.

▶ Marcó al menos un gol en 15 países contra 31 selecciones nacionales diferentes.

▶ Se retiró de la selección femenina de Estados Unidos en 2004 con 158 goles. Esa fue la mayor cantidad de goles en la historia del fútbol estadounidense al momento.

N.º
7

ZINEDINE ZIDANE

Para los adversarios, la mirada feroz de Zinedine Zidane era
casi tan temible como su talento futbolístico. El centrocampista
francés controlaba el balón como nadie en este deporte. Sus
pases y tiros eran excelentes. Esas habilidades ayudaron a Zidane
a llevar a Francia a un título de la Copa del Mundo en 1998

Su estilo ardiente en el campo lo ayudó a convertirse en uno de los grandes jugadores de la historia del fútbol. Pero también lo metió en problemas. Durante el Mundial de 2006, golpeó con la cabeza a un jugador italiano y lo tiró al suelo. Zidane fue expulsado del partido. Fue el último partido que jugó en su carrera.

Pero aún no había terminado con el fútbol. En 2016 se convirtió en el director técnico del Real Madrid, equipo en el que había estado seis temporadas durante su carrera como jugador. Los llevó a ganar tres títulos consecutivos de la Champions League de Europa como director técnico. Zidane demostró que era un gran líder dentro y fuera del campo.

ESTADÍSTICAS DE ZINEDINE ZIDANE

► Ganó tres veces el premio al Mejor Jugador del Mundo.

► En 2004, los aficionados votaron a Zidane como el mejor futbolista europeo de los últimos 50 años.

► Marcó 31 goles en 108 partidos con la selección nacional de Francia.

► Marcó dos goles que ayudaron a Francia a ganar el último partido del Mundial de 1998.

► Ganó el Ballon d'Or en 1998.

JOHAN CRUYFF

Los mejores jugadores pueden cambiar el fútbol para siempre,
y el holandés Johan Cruyff lo hizo. La mayoría de los equipos
utilizaban un estilo de juego defensivo en la década de 1970. Los
jugadores se mantenían en sus posiciones e intentaban mantener
al otro equipo alejado de su arco. Cruyff y sus compañeros del
Ajax utilizaban un nuevo estilo llamado fútbol total. Permitía a
los jugadores moverse libremente por el campo.

Con el fútbol total, Cruyff podía atacar desde su posición habitual de delantero. Luego, podía retroceder y jugar como defensor.

El fútbol total le funcionó a Cruyff porque era muy bueno independientemente de dónde jugara. Llevó al Ajax a ganar tres Copas de Europa seguidas. Luego dejó el Ajax y se unió al FC Barcelona en España. Ayudó a su nuevo equipo a ganar La Liga, la liga de fútbol española, en su primera temporada. En 1974, Cruyff y la selección de Holanda llegaron a la final de la Copa del Mundo. Perdieron contra Franz Beckenbauer y Alemania Occidental por un gol.

ESTADÍSTICAS DE JOHAN CRUYFF

▶ En 1999, ganó el premio al Jugador Europeo del Siglo.

▶ Marcó 33 goles en 48 partidos con la selección nacional de Holanda.

▶ Marcó 290 goles en 514 partidos con el Ajax y otros equipos.

▶ Ganó el Balón de Oro en la final de la Copa del Mundo de 1974.

▶ Ganó tres veces el Ballon d'Or.

CRISTIANO RONALDO

El fútbol consiste en marcar goles. Cristiano Ronaldo podría ser el mejor goleador de la historia. Su carrera como megaestrella del fútbol comenzó cuando tenía 16 años. El Manchester United inglé pagó más de 14 millones de dólares para sumarlo al equipo. La inversión dio sus frutos. Ronaldo fue una máquina de hacer goles desde el principio. Ayudó al Manchester United a ganar el título de a Premier League tres años seguidos entre 2006 y 2009.

Después de la temporada 2008, el Real Madrid pagó millones de dólares para conseguir a Ronaldo. Los ayudó a ganar dos títulos de La Liga. Se unió al Juventus de Italia en 2018.

El estilo de juego de Ronaldo es llamativo y emocionante. Con su velocidad y manejo del balón, puede tomar el control de un partido. Sus pases suelen encontrar a su objetivo. Juega duro en defensa y es uno de los mejores tiradores del mundo. Puede anotar con o sin ayuda de sus compañeros, lo que le hace imparable.

ESTADÍSTICAS DE CRISTIANO RONALDO

► Marcó 450 goles con el Real Madrid, la mayor cantidad en la historia del equipo.

► Sus 120 goles en la Champions League son la mayor cantidad de la historia.

► En 2018, se convirtió en el primer jugador en ganar cinco veces el título de la Champions League.

► Sus 85 goles con la selección de Portugal son la mayor cantidad de la historia para un europeo que juega con su país.

► Ganó cinco veces el Ballon d'Or.

LIONEL MESSI

Lionel Messi es más pequeño que la mayoría de los futbolistas profesionales. Pero juega como un gigante en el campo. Su velocidad y su equilibrio son increíbles. Hace giros y piruetas, y pasa por encima de los defensores. Se mueve con una gracia y una rapidez que otros jugadores no pueden igualar. Llegó al FC Barcelona en 2004–2005. Con 17 años, era el jugador más joven de La Liga.

Messi ha cosechado un éxito increíble en la máxima categoría del fútbol. Ayudó al FC Barcelona a ganar ocho títulos de La Liga. Juntos, ganaron el título de la Champions League en cuatro ocasiones. En los Juegos Olímpicos de 2008, lideró la selección nacional de Argentina hasta la medalla de oro. Messi y Argentina llegaron a la final del Mundial de 2014. Perdieron contra Alemania 1–0. Pero el gran juego de Messi en la final le valió el premio del Balón de Oro.

ESTADÍSTICAS DE LIONEL MESSI

► Es el único jugador que hizo goles contra 37 o más clubes de fútbol de primera línea.

► Hizo casi 600 goles con el FC Barcelona, la mayor cantidad en la historia del equipo.

► Sus 65 goles con Argentina son la mayor cantidad de goles para la selección nacional.

► En 2011 2012, marcó 73 goles con el FC Barcelona, la mayor cantidad en una temporada europea.

► Ganó cinco veces el Ballon d'Or

MARTA

En el Brasil de la década de 1990, el fútbol era un deporte mayoritariamente masculino. Pero Marta quería jugar. Fabricaba balones con lo que encontraba y practicaba en la calle. A los 14 años empezó a jugar en equipos organizados. Fue el comienzo de la mejor carrera futbolística femenina de la historia.

Marta se trasladó a Suecia en 2004 para jugar en el club de fútbol Umea. Se convirtió en la mejor jugadora de la liga sueca. Marta condujo al Umea a cuatro títulos de liga consecutivos. Marta también fue protagonista en la selección nacional de Brasil. En 2004, se convirtió en la mujer más joven en marcar un gol en los Juegos Olímpicos. Ayudó a Brasil a ganar medallas de plata en 2004 y 2008. Marta llevó a Brasil a la final de la Copa del Mundo Femenina de 2007. Perdieron contra Alemania 2–0. Con siete goles en el torneo, Marta obtuvo la Bota de Oro como máxima goleadora del Mundial.

ESTADÍSTICAS DE MARTA

▶ Marcó 111 goles en 103 partidos de liga con el Umea.

▶ Fue la máxima goleadora de la temporada en la liga femenina sueca en tres ocasiones.

▶ Ganó el Balón de Oro en la fase final de la Copa del Mundo Femenina de 2007.

▶ Ganó 5 premios a la Jugadora Mundial del Año, más que cualquier otra jugadora.

▶ Sus 15 goles en la Copa del Mundo Femenina son la mayor cantidad de goles de una jugadora.

DIEGO MARADONA

Siempre fue obvio que Diego Maradona iba a ser grande. Creció jugando al fútbol cerca de Buenos Aires, Argentina. A los ocho años, hizo una prueba en un equipo juvenil local. Era tan bueno que los entrenadores no podían creer que fuera tan joven.

El juego de Maradona era inteligente y elegante. Combinaba velocidad y potencia como ningún otro jugador. Maradona jugó en equipos de clubes de Argentina y Europa. Tuvo mucho éxito. Pero jugó sus mejores partidos con la selección nacional de Argentina. En el Mundial de 1982, los jugadores de los equipos contrarios chocaban con él y le dejaban poco espacio para frenarlo.

Argentina perdió. Maradona los llevó de nuevo a la Copa del Mundo en 1986. Esta vez, no hubo quien lo parara. Pasó por encima de los jugadores rivales y demostró que era el mejor del mundo. Ayudó a Argentina a ganar su segundo título mundial. Por el camino, se convirtió en un héroe del fútbol de todos los tiempos.

ESTADÍSTICAS DE DIEGO MARADONA

- ▶ Marcó 259 goles en 491 partidos con equipos de clubes de Argentina y Europa.

- ▶ Marcó 34 goles en 91 partidos con la selección nacional de Argentina.

- ▶ Participó en cuatro Copas del Mundo con Argentina.

- ▶ Ganó el Balón de Oro en la final de la Copa del Mundo de 1986.

- ▶ En el año 2000, la FIFA lo distinguió como uno de los dos mejores jugadores del siglo XX.

PELÉ

A diferencia de Maradona, la carrera futbolística de Pelé comenzó
lentamente. Cuando era un adolescente en Brasil, los principales
clubes de fútbol del país no lo querían. Finalmente se incorporó a
Santos Fútbol Club de São Paulo, Brasil. Ayudó al equipo a ganar y
fue el máximo goleador de la liga. Su éxito con el Santos le sirvió
para entrar a la selección brasileña a los 17 años. Fue entonces

Pelé tenía todas las habilidades de un jugador de primera. Podía tirar al arco, hacer pases y controlar el balón con gran habilidad. Pero era su capacidad para leer el flujo del juego lo que lo hacía destacar. Pelé siempre parecía saber a dónde iba el balón antes que nadie. Marcó dos goles en el último partido de la Copa del Mundo de 1958 para llevar a Brasil a la victoria. Ayudó a su país a ganar títulos mundiales de nuevo en 1962 y 1970. Su éxito lo convirtió en una leyenda y en el mejor futbolista de todos los tiempos.

ESTADÍSTICAS DE PELÉ

► Marcó 650 goles en 694 partidos con equipos de clubes de Brasil y Estados Unidos.

► Marcó 77 goles en 92 partidos con la selección nacional de Brasil.

► Marcó 12 goles en 14 partidos de la Copa del Mundo.

► El Comité Olímpico Internacional lo nombró Atleta del Siglo en 1999.

► En el año 2000, la FIFA lo distinguió como uno de los dos mejores jugadores del siglo XX.

TU
G.O.A.T.

YA LEÍSTE SOBRE ALGUNOS DE LOS MEJORES JUGADORES DE FÚTBOL DEL PASADO Y DEL PRESENTE. Ahora es el momento de hacer tu propia lista. Empieza por aprender más sobre el fútbol y los jugadores más apasionantes de este deporte. Primero, pasa a la página 31 y explora esos libros y sitios web. ¿Tienes amigos o familiares aficionados al fútbol? Averigua qué opinan ellos. Quizá un bibliotecario o un profesor puedan ayudarte. ¿Dónde puedes encontrar más información sobre los grandes del fútbol?

Haz tu propia lista de los mejores jugadores de fútbol. Luego, pide a un amigo o a un familiar que también haga una. Comparen sus listas y hablen de las diferencias. También puedes hacer otras listas. ¿Quiénes son los mejores delanteros de todos los tiempos? ¿Cuáles son los 10 mejores partidos de fútbol de la historia? Todo depende de ti.

DATOS SOBRE EL FÚTBOL

► La primera Copa del Mundo se celebró en 1930. Uruguay ganó ese torneo. Brasil es el país con más títulos de la Copa del Mundo, con cinco.

► Los balones de fútbol solían ser totalmente blancos. Los fabricantes de balones añadieron paneles negros para que el balón fuera más fácil de ver en la televisión. Los balones modernos vienen en muchos colores diferentes.

► El nombre completo de Pelé es Edson Arantes do Nascimento. El nombre completo de Marta es Marta Vieira da Silva. Las estrellas del fútbol brasileño suelen adoptar apodos de una sola palabra.

► En Inglaterra, un campo de fútbol se llama "football pitch."

GLOSARIO

Ballon d'Or: premio anual que otorga la revista *France Football* al deportista que considera el mejor jugador de fútbol del mundo

Balón de Oro: premio otorgado al mejor jugador de cada partido de la final de la Copa del Mundo

capitán: líder de un equipo en el campo que habla con el árbitro en nombre del equipo

centrocampista: jugador que suele estar en el centro del campo

club: equipo de fútbol

Copa de Europa: competición anual entre los mejores clubes de fútbol de Europa. La Copa de Europa se convirtió en la Champions League en 1992.

Copa del Mundo: torneo internacional de fútbol que se celebra cada cuatro años. La Copa del Mundo se considera la máxima competición de fútbol del mundo.

Copa del Rey: competición anual entre los mejores clubes de fútbol de España

delantero: jugador que juega cerca del arco del otro equipo

director técnico: entrenador principal

FIFA: grupo que gobierna el fútbol internacional

La Liga: la máxima división profesional del fútbol español

Premier League: la liga de fútbol más importante de Inglaterra

MÁS INFORMACIÓN

FIFA Grassroots
http://grassroots.fifa.com/en/for-kids.html

Greder, Andy. *Behind the Scenes Soccer*. Mineápolis: Lerner Publications, 2020.

Kiddle: FIFA World Cup Facts
https://kids.kiddle.co/FIFA_World_Cup

Savage, Jeff. *Soccer Super Stats*. Mineápolis: Lerner Publications, 2018.

Skinner, J. E. *U.S. Women's National Soccer Team*. Ann Arbor, Minnesota: Cherry Lake, 2019.

Sports Illustrated Kids—Soccer
https://www.sikids.com/soccer

ÍNDICE

CRÉDITOS POR LAS FOTOGRAFÍAS